둥근 삼각형 자화상

라온현대시인선 09 김현태 시집

둥근 삼각형 자화상

인쇄 | 2025년 11월 13일
발행 | 2025년 11월 17일

글쓴이 | 김현태
펴낸이 | 장호병
펴낸곳 | 북랜드
  04556 서울 중구 퇴계로41가길 11-6, JHS빌딩 501호
  41965 대구 중구 명륜로12길 64(남산동)
  전화 (02)732-4574, (053)252-9114
  팩스 (02)734-4574, (053)252-9334
  등록일 | 1999년 11월 11일
  등록번호 | 제13-615호
  홈페이지 | www.bookland.co.kr
  이-메일 | bookland@hanmail.net

책임편집 | 김인옥
기   획 | 전은경
교   열 | 서정랑

ⓒ 김현태, 2025, Printed in Korea
저자와의 협의하에 인지를 생략합니다.

ISBN 979-11-7155-186-6 03810
ISBN 979-11-7155-187-3 05810 (e-book)

값 12,000원

라온현대시인선 09
둥근 삼각형 자화상

김현태 시집

북랜드

序詩

삶은 꽃 한 송이 피우는 일
가는 길이 험하고 힘들수록
향기 더욱 짙어

길가에서 웃는 민들레 수줍음
울타리 위에 걸터앉은 장미의 오만
찬 서리에 떨고 있는 국화의 애수

하늘이 너무 맑으니 눈이 시리고
비바람 불어오니 가슴 저리고
꽃잎 휘날리니 속이 아리다

천방지축 갈지자 걸음걸이로
살아온 발자국마다
꽃송이 송이 향기 짙다

차례

序詩 · 5

1

미소 · 12
겨울산 · 14
낮달맞이꽃 · 16
버팀목이 되다 · 17
사랑의 무게 · 18
가족 · 20
강 노을 · 21
순례길 · 22
식당에 홀로 앉아 · 24
가자미 · 26
지름길로 오신 그대 · 28
가시박 덩굴 · 30
사진 한 장 · 32
들꽃 · 34
자귀나무 사랑법 · 35

2

보옥리 가는 길 · 38
따뜻한 동행 · 40
숙주 · 42
홍옥빛 마음 · 43
장미 수난 · 44
비에 젖은 단풍 · 46
달개비꽃 여인 · 47
탈춤 · 48
행복의 조건 · 50
조약돌 약속 · 52
햇살 좋은 날 · 53
헌 구두 · 54
둥근 삼각형 자화상 · 56
구두 한 짝 · 58

3

퍼즐 게임 · 60

여우 사냥 · 62

더부살이 · 65

날씨 탓 · 68

당산나무 당부 · 70

눈물이 나는 까닭 · 73

K-디아스포라 · 74

장미 전사 · 76

강물 위로 떨어진 방울 · 78

공중화장실 · 80

국화빵 한 봉지 · 82

다시 오지 못할 것에 대하여 · 84

덩굴손 사랑 · 86

길목 · 88

4

꿈이 무르익는 시절 · 92
동백꽃 이별 · 93
봄바람 · 94
정情 · 95
방랑자의 노래 · 96
양심 거울 · 97
호박꽃 · 98
이슬방울 · 99
바람에 날린 씨알 · 100
달빛 한 잔 · 101
대가야 박물관에서 · 102
마음밭 · 103
함께 가는 길 · 104
겨울로 가는 길목 · 105
이팝꽃 핀 사연 · 106
발목 잡히지 마라 · 108

| 해설 | 자화상, 그 생의 뒷모습_ 신상조 ··· 109

1

미소

　만년빙벽 무너지게 하는 것이 부드러운 바람이고, 돌덩이로 굳은 마음 허물어지게 한 것이 소리 없는 웃음이었다

　따사로운 햇살 아래 철책 울타리 틈 사이로 얼굴 내밀고 웃음 짓는 장미의 화려함보다, 깊은 계곡 맑은 공기 속에 깊은 생각에 잠긴 백합의 순박한 자태에 마음 설렌다

　식당에 모여앉아 흉허물 늘어놓고 공허한 웃음 날리며 하루해 보낸들 돌아서 집에 오면 쓴 나물 씹은 듯 씁쓰레한 기분 어쩌지 못해

　봄날 꽃 잔치판에 흐드러지게 웃음 짓는 벚꽃 개나리 옆자리 피해 가만히 뒷담장가에 홀로 배시시 웃음 띤 매화 춘심이 더 어여뻐라

　작열하는 태양을 사랑한 해바라기 열정을 흠모하지

만, 찬 이슬에 머리 감고 소슬바람 속 아침 햇살 맞으며 해맑게 웃고 있는 국화의 순박한 모습이 네 모습 닮아서 좋아라.

겨울산

이마에 파인 주름 골골이 쌓인 시름
잔설 촛농 되어 흐르는 밤
님의 품에 안기었다

꿩 노루 무시로 드나들던 철책 속 간 곳 모르고
돌아올 기약조차 없다

올망졸망 삼 남매 품은 청상과수 가슴에
눈 덮인 등성이로 부는 바람 허허롭다

긴긴 겨울날 하얗게 눈발 머리에 이고
성황당 고갯마루는 넘지 말아야지
굳은 일념에도
엉덩이에 뿔난 자식 놈의 왜 사냐 하는
억장 무너지는 소리에는 회한의 눈시울 붉다

죄인인 양 다소곳이 입방아 조심하며
친인척 길흉사 참여하는 일이 마음 쉬는 나들이

꽃 피고 단풍 질 땐, 먼 산 바라보며
오지 않은 그댈 원망하고
단색 무명 베적삼이 나래처럼 편안했다

여든셋 해와 달이 꿈결인지 잠결인지 지나간
잔설이 촛농으로 녹는 이월 그믐밤
산수유 웃음 선물 새 가족 보듬은 채,
깊은 잠 들었다.

낮달맞이꽃

전장에 간 남편 기다리는 과수댁
폭풍우 휘몰아치던 광란의 세월 속에
동분서주 홀로 감당하다

햇살 따사로운 늦은 가을날 오후
가창골 요양원 창가에 앉아
세상 시름 다 내려놓은 무심의 경지

유일한 바람 있으니,
자식 손자 찾아와 얼굴 쳐다보는 일
자동차 들어오는 정문 앞만 매일
하염없이 바라본다

학의 긴 목 접힌 채로 꿈속 헤매일 때,
동산 위에 뜬 낮달이
경전인 양 읽는다.

버팀목이 되다

돌 전 외아들 키우는 미망인
자식 집 밖 나설 때면 문 앞에 서서
귀에 딱지가 박히게 들려주던 그 말씀

'조심해라'

바람 부는 벼랑 끝자락
나뭇가지 하나 붙잡고 선 처지
한 줄기 푸른 빛이 되어

맨몸으로 사막 가운데
홀로 건너가는 나그네 물통 속에
남은 생명수 한 모금

지치고 외로운 이에게 보내주는
온화한 눈빛 부드러운 미소
따뜻한 말 한마디이어라.

사랑의 무게

    빛의 속도보다 빠르면 사랑이고 무게가 없다 이 상태에 이르면 희열로 가득 차 얼굴색이 발그레하다
    속도가 줄어들면 무게가 늘어나고 정지한 상태가 바위이다
    그래서 땀 흘려 헬스 하고, 먹고 싶은 것 참으며 다이어트 열심이다

    꽃을 향해 날아가는 나비 몸짓이 하늘거린다

    아슬아슬한 고공 끝자락에 매달려 지하갱도 발파장 흙더미 위 빛마저 삼켜버린 해저 밑바닥에서, 일하는 사람의 주변에는 중력도 미치지 못하는 구역이 있다

    따스한 눈빛끼리 마주친 이후 빠르게 세상 구석구석 뻗어났다

    우주의 법칙이 작용하지 않으니, 무겁고 두렵고 지겨운 것이 소멸한다

〉
이런 상태에 이런 연인들의 눈빛은 반짝인다.

가족

하늘 그물코에 엮여 밤낮 뒤엉켜 지낸다
햇살 밝아오니, 문밖으로 몰려나와
참새 까치 떼 소리 더불어 소란하다

머리 맞대고 밥상 앞에 둘러앉으니
천진스런 강아지 모습이 떠오른다

아버지 걸음걸이는 할아버지 로봇이고
갸름한 반달형 얼굴 딸은 어머니 인형
시큼한 땀내 풍기며 빈 가슴 파고들어
체온 나누기 좋아하는 우리 집 막둥이

믿음으로 의지하며 서로를 받쳐주는 삼각기둥

먼 곳 떠난 뒤로 허전한 마음 채울 길 없어
하늘 쳐다보며 함께한 날의
사진첩 뒤적여 명상에 잠긴다.

강 노을

빈 가슴 쓸어 안고 강둑에서 바라본다
잔잔한 물결 위 긴 그림자
두 손 잡고 이별하던 고모령 마루 넘는
황혼 발걸음 안타까워라

떠나가는 야속함 보내는 애타는 심정
바람에 흩날리는 꽃잎 언약들
한 줌 재마저 남김없이 태워버린 채

신비에 싸인 경이로운 초인 모습
한 시절 불꽃으로 타오르던 정열
강물 위에 흔적으로 남아
그마저 잠시일 뿐 곧, 어둠 속으로 묻힐 순정

열병이 천지를 물들인 이 순간
꽃피우고 노래하던 날들을
기억하는 심장은
처음 만난 그때처럼 황홀로 두근거린다.

순례길

소슬바람 부는 맑은 날 아침
이웃과 인사도 없이
떨리는 심장 가는 숨소리 오체투지로 훌쩍 나서니
지나던 구름이 앞장선다

잎 반짝이고 꽃피우던 시절
노래 좋아하는 친구 만나 즐거웠고
물오른 가지 끝에 녹음 푸르던 날엔
무시로 친구 찾아와 지나온 길 얘기 나눴지

누렇게 변한 모습으로 끝자락에 매달려
바둥대며 악을 써 봐도,
햇살 한줄기 무게 이기지 못하고
야윈 손목의 힘 맥없이 풀어버렸다

폭풍우 속에서 울부짖으며 몸부림친
격정의 시간 속에 남긴, 검붉은 멍자국
지난밤 찬 서리 덮어 고이 잠재웠다

〉
가는 길 알지 못하고 바람 따라나선 여정
길가에 떨고 있는 국화라도 만나면 전하리
모으고 쌓아둔 것 다 버려두고,
함께 나누던 향기 한 점 가슴에 품고 간다.

식당에 홀로 앉아

추어탕 끓는 가마솥 속이다 폭풍 지나고 삼 일째,
밖에서 일하고 돌아오다
아파트에 들어가지 않고 가까운 식당에 들어가
음식 한 그릇 시켜놓고 상 차리는 동안에
구석 자리에 놓인 배꼽 높이 스테인리스 박스가 눈길을 끈다
"막걸리를 고객에게 무료로 드립니다." 쓰여있다

땀 흘리고 속에 열기로 가득 차서
밑반찬도 없이 살얼음 낀 대포 한 잔 꿀꺽 삼키니
풋고추 양파에 된장 놓이고 또 한 잔,
빈속에 두 잔 들어가니 속이 얼얼하다
가출한 놈 집 찾아 돌아오듯, 볼그레한 얼굴 되어간다
셀프서비스라 체면 없지만, 내친김에 한 잔 더,
수족관 열대어가 물 삼키듯 석 잔을 벌컥벌컥 비우고 나서

벽걸이 텔레비전 속에 비친 진흙탕 세상

미꾸라지 견딘 가마솥 뜨거움을
후룩 후루룩 입안에 퍼 넣으니
일하던 중년 여주인이 속마음 안다는 듯이
물끄러미 쳐다보는 눈과 마주쳐서 실없이 웃는다.

가자미

엎드려 이곳저곳 눈치 보고
곁눈질하며 신경 쓰다 그만,
한쪽으로 눈이 돌아가버렸다

낚시꾼 미식가 사이에 '좌광우도'라 한다
성현의 심오한 말씀인지, 고사성어인 줄 알았다

눈알이 왼쪽으로 돌아간 놈은 광어이고
오른쪽으로 비뚤어졌으면 도다리란다

그쪽 세상에도 정치판이 벌어졌나
좌우 편 가르기 하는 걸 보니,
같은 족속, 가자미 자손 광어 도다리인데

자기 주관 버리고 지나치게 주위 눈치 살피다
눈이 삐뚤어졌다

이해타산 너무 따지는

우리 인간 중에도 그런 유형이 있어,
너무 닮아 비유적으로
'정말 딱이네' 그랬더니

눈망울 굴리며 지나가던 꼴뚜기가
새까만 웃음보 터뜨린다.

지름길로 오신 그대

한겨울 내내 토라진 마음 산 넘어 남풍 불어온다 하는 소식 듣고 풀렸다네 마중 가 보아야겠다

지름길로 올지 몰라 강둑길 따라나선다

부푼 가슴 안고 찾아오는 유학생 연수생 싣고 한 바다 건너온 백상아리 하나 미끄러지듯 비행장 쪽으로 잠영한다

강변에 늘어선 갯버들 삼단 머리채 흔들며 환영 나와 선 자태, 그대는 벌써 곁에 와 있었구나

강둑 산책길 옆 나뭇가지 사이로 참새 떼를 지어 잔치 손님맞이 준비로 재잘거리고 양지바른 자리 긴 나무 의자에 앉아 페르시아 왕자 사랑 얘기* 나누는 민둥산 노인 이마에 별이 반짝인다

잔잔한 강물 위로 물새 한 쌍 쫓고 쫓으며 서로를 희롱하네

〉

무쇠덩이 마음도 어느새 아지랑이 되어 강물 위로 피어오른다.

  * 페르시아 고대 서사시 쿠쉬나메에 나오는 이야기. 페르시아 왕자와 신라 공주 프라랑의 사랑과 결혼을 다루었다. 역사와 신화가 혼재한다.

가시박 덩굴

맑은 날 둑길 따라 산책 나서니
고모령 아래 팔현마을 앞
강둑에 서니, 가시박 무성히 자라 덩굴촌 하나 이뤘다

강 건너 비행장에서 백조 하나 남쪽으로 힘차게 솟아오르고,
뭉게구름 흘러가는 곳으로 그의 마음도 함께
허공 속 눈길 따라간다
떠나온 남국 고향 쪽 하늘길이 열렸다

뙤약볕 아래 억센 가시덩굴에 짓눌려 하늘만 빼꼼히 쳐다보며
젖 먹던 힘 모아 기어올라,
푸른 양산 하늘 햇볕 보이는 이 자리까지 왔다
낯설고 물선 땅에 터 잡으니, 외래종이란 이름표 붙여놓아
남 눈길 잘 닿지 않는 곳에 모였다

〉
차가운 시선, 지금 당장 돌아가지 못하는 이 심정!

고향 쪽 하늘로 멀어져가는 꽁무니라도 오래 보고 싶어서
바람맞이 강둑 한쪽에 모여 앉은 위로
가을 햇살 따사롭게 감싸안아 위로한다.

사진 한 장

기억 속 아버지 모습은 가을날 허공이다

한라산 끝자락 바람 거센 모슬포 연병장
기관단총LMG 한 대 세워두고
세 명이 함께 찍은 흑백 사진 속에 담긴 풍경

깡마른 얼굴 헐렁한 바지 찌그러진 모자
두고 온 먼 하늘을 바라보는
백록담 속에 비친 사슴의 푸른 눈빛

무심한 세월 지나고 전우가 전해 준
사진 한 장 들고 현상소에 갔더니
청년 하나 성큼성큼 걸어 나와

촛불 켜고 향내 그윽한 거실 한가운데
이마에 골골이 사연 담은
백발 할머니랑 함께 앉은 자리

〉
잔 올리는 사람도 지켜보는 이들도
눈가 촛농 길게 흘러내리는
육십 년이 지나가고 함께한 밤 깊어간다.

들꽃

밤이슬에 젖고 비바람에 시달려도
아침 햇살 밝아오면 곧게 허리 펴고
배시시 웃음 짓는 소박한 시골 여인

피해 갈 곳 없는 오솔길 위에서 만나면
'반갑다' 인사말 한 마디 없이, 미소 지으며
가슴 깊이 숨겨둔 향기 날리는 앙큼함에
고향 순이 생각나 가슴 설렌다

마르지 않는 계곡 옹달샘 같아
아무리 새침하게 숨어있어도 난 네 마음 다 알아
그 모습 좀 더 보고 싶어 저만큼에서
가던 길 멈춰 서서 뒤돌아본다.

자귀나무 사랑법

매일 낮이면 한 번씩 가슴 열어본다
아무것도 변하지 않았다고

밝은 햇빛 아래 깃털 나래 엷은 잎
빈 가슴 열고 진심을 다짐한다
부끄럽고 감추고 변한 게 하나 없다고

달도 기운 밤이면 서로를 부둥켜안고
숨죽여 속삭이는 소리에
숲 위를 지나던 바람 발걸음 멈춰 선다
어둠 속 먼 하늘 호기심에 찬 눈동자
잠들지 않고 더욱 초롱하다

밝은 태양 떠오르면
꽃들의 시샘에 달콤한 입맞춤도
아무일 없다는 듯

날마다 앙가슴 열어 보여준다.

2/

보옥리 가는 길

남쪽 바다 한가운데 영롱한 섬 보길도 끝자락
살에 박힌 상처 세월이 흘러 굳어진 땅
찾아가는 길 위에서 만난 그곳 주민
중년의 여성과 말벗이 되었다

햇빛이 가장 먼저 둥지 틀고 앉았으니
파도와 바람이 경쟁적으로 입맞춤하는
진주보다 고운 이름 보옥리라네

수만 년 긴긴 잠 깨어나지 못한
공룡알이 화석 되어 뒹구는 해변
바람의 입맞춤을 거부한 나뭇가지는
님 그리는 지조인 양 북향하고 있다

궁궐 부름 가리던 귀양객 선비처럼
고운 이 두고 떠나온 서러운 사람은 가지 마세요
사랑을 잃고 가서는 아니 되는 곳이라 하오

〉
홀로 온 객에게는 민박도 내어주지 않는다 하며,

홀로 여인숙에서 밤새 낙화한
전설이 된 여인 얘기 들려주시네
시퍼렇게 눈 뜨고 있어도,
정 잃은 이는 더는 갈 길이 없는 곳이라오.

따뜻한 동행

인생 내리막길에 불편한 몸으로 끌고
상가 사람들 틈 사이로 한 수레 싣고 간다

함께한 시간이 길어 껌딱지 되었다
찢어지고 해진 신발처럼 되어,
힘든 건 견딜 수 있다지만
외로운 건 못 참아

옆에 붙어 있어줘 고마워!
절뚝 기웃 엇박자 걸음 맞춰 사니,
서로가 애달파 잠든 모습 살뜰히 굽어본다

하늘이 내려준 보배란 걸 이제는 알아!

못난 사람 만나
힘들게 해서 미안하오

어눌한 독백으로 상처투성이 가슴 보듬으니

창밖 동산 위에 오른 달이
빙그레 웃음 짓는다.

숙주

자식이 '웬수'란다 자식 이기는 부모 없으니
참 바보인가 봐, 가시고기처럼

뼈 휘게 일하고, 날밤 새워가며 지켜줘도
결국에는 먹힌다
알면서도 당하니 천적지간인가 봐

너 좋고 나도 좋은 공생은 왜 안 될까?
부모는 본디 죄인이라서 그렇다 하네
오래 산 죄로 이름조차 잊혔다
그냥, 할머니 할아버지이다

눈 뜨면 회관에 몰려나와 마주 앉아
동냥자루 묻어놓고 고스톱 친다
학교로 유아원에 태워주고 장거리 선수 되어
출근하는 맞벌이 부부 얼굴 색이 붉게 물든다.

홍옥빛 마음

불편함에도 내색하지 않고
조용히 덮어주는 꾸밈없는 순수함이
깃털구름 떠 있는 하늘처럼 편안하다

곱게 물들어가는 가지 끝 한 알
한여름날의 시련 솔바람에 날려 보냈다,
상큼한 맛을 알리려 보내주셨나
어느 우주별에서 이제야 오셨나
한 시절 다 지나고

올라가지 못할 나무 과일이라면 쳐다보지 말라 해도
주위 맴도는 철부지 아이같이

얼굴 붉어지지 않게 감싸주는 배려심에
없는 용기 내어 하늘 쳐다본다
풀잎 위 이슬처럼 밝은 햇살 비쳐
쉬이 사라질까 조바심 난다.

장미 수난

길가 풀꽃 모여 앉은 봄 끝자락에
가슴에 붉은 열정 주체하지 못해
집 밖 뛰쳐나온 변덕스런 청춘 같은 날씨
따사로운 웃음, 언제 그랬냐는 듯
휘몰아친 싸늘한 변심
반짝이며 웃고 있는 얼굴 휘감아 돈다

조금만 더 기다리지 않고
앙상한 가슴에 핀 붉은 송이
여린 초록 잎 사이로 얼굴 내밀다
모질게 희롱당하고 있다

굳건한 믿음 하나 있으면,
어떤 시련도 이겨낸다 하기에
진심으로 믿은 죄가 너무 가혹하다

내일이면 햇살의 축복 속에

화사한 얼굴로 향기 날리며
여왕님 자리에 등극할 텐데

비에 젖은 단풍

비 갠 아침 안개 자욱한 산책로
축 늘어진 가지 끝에 매달린 버림받은 생
힘겹게 마지막 고갯마루 넘는
뒷모습 가슴 시리다

기력 상실한 몇은 땅바닥에 풀썩 드러누웠다
지나가는 신발 뒤축 붙여잡고 늘어지는 안타까움
걸어온 길이 너무 달라 손잡아 주지 못하네

하늘 높고 햇볕 따사로울 때
느려진 심장 박동 소리 들으며
말라버린 꿈의 조각을
솔바람에 하나둘 뒤적인다.

달개비꽃 여인

산책길에서 간혹 만나면
닭벼슬 생각난다
한여름 햇살 폭포수 속 꼿꼿한 자태로
폭풍우 갠 청초한 하늘을 가슴에 품어

길 건너 사는 걸 알면서 무심했지
이슬 머금은 눈망울로
먼 하늘 응시하며 깊은 생각에 잠겨
창가에 우두커니 서서 바라본다

어린 두 딸 품은 앙증스런 가슴
솔바람만 불어와도
스러질까 안쓰러운 자태, 노란 수술대인 양,
산재 가족 이름표 붙어있다.

탈춤

민낯은 너무 뜨거워서
얼굴 가렸다

눈알 부릅뜬 백수 왕이나 되어 볼까
상투의관 팔자걸음 양반은 어떠할까
좋아도 싱글벙글 싫어도 히죽히죽, 까짓것
모자라는 웃음 짓는 얼간이면 어때

얼~쑤!

길게 늘어뜨린 소맷자락 좌우 허공 휙 가르고,
폼 한 번 잡고 나서
하늘 한 번 쳐다보고, 땅 한 번 굽어보고

어깨, 으쓱으쓱!

목구멍이 포도청이라 터져 나오는 사설
회장님 설렁한 농담에 배꼽 잡아 추임새 넣고,

사슴 보고 말이라도 잘생긴 놈이라 맞장구친다

얼~쑤!

안방에 턱 뽑고 쓸개 걸어 놓고 나온
비틀걸음 광대 이메* 웃음 한마당

나는 네 얼굴 보고 웃고
너는 내 하는 짓 보고 웃지
눈치 채면 던져버리니 요지경 세상일세!

  * 하회별신굿에 나오는 등장인물. 파계승 마당에서 초랭이의
대화 상대역.

행복의 조건

한 가족 소박한 밥상 위에 핀 웃음꽃
마주 앉은 노부부 눈가에 번진 잔주름
봄 동산 햇살 속 솔바람 부는 가을 들녘에서
맞잡은 손의 부드러운 촉감이다

높고 낮은 곳 어디라도 발자국 소리 없이 찾아오는
산타클로스의 썰매 끄는 순록처럼
젊고 예쁨 높고 낮음도 부와 권세에는 관심 없어,
자고 나서 바람 불면 흔들리는 인기 신경 쓰지 않아,
푸른 마음이 좋아 늘 웃으며 찾아다닌다

네 모습 다양하구나 생각 따라 모습 바꿔주네
어느 땐 나래 깃털이 되었다
솜털 구름이 되기도 하고,
웃음 띤 아가 얼굴이 되기도 하네

네가 좋아 자랑하고 싶어서 곁에 붙잡아두려 하니,
저만치에서 물끄러미 쳐다본다

〉
친해질 수 있는 법 아무에게도 말해준 적이 없다

햇볕이나 공기처럼 언제 어디서라도 만날 수 있어
서두르지 마! 욕심부리지 마! 그냥 잊고 살아!

조약돌 약속

햇살 좋은 날 영원하자며
굳센 언약했었지
갈바람 불어 하나둘 떠난 강변에
별을 쳐다보며 둘러앉아
영원히 함께하자
입 모아 노래하고 손뼉 쳤지

긴긴 세월 묵언 수행으로
서로 부딪혀도 아프지 않게
비바람 속에 살과 뼈를 깎은 모서리
둥글게 갈고 군살 줄인 작은 몸집
각고의 시간 속 체득한 지혜로

폭풍 지나고 나서
정답던 친구들 간 곳 모르고
찬 바람 속으로 철새들 날아간다

부질없이 한 약속 마음에 빚이 되어
떠나는 누구도 말이 없다.

햇살 좋은 날

어깨 위로 살며시 다가와 얼굴 기댄다.

폭풍우 지나가고 장맛비 갠 들녘
무성하게 자란 가지마다
부지런히 열매 키워 오색 물들이고

여름 한 철 새끼 길러 떠나야 하는 철새는
벌써 새 가족 이끌고 나와
구름 떠가는 창공 속에 훈련 들었다.

킥보드 타고 달리는 아이들 뒤따라
자전거로 산책길 달리는 아버지
등 위로 내린 햇살
뭉게구름 속살만큼 넉넉하다

설익은 청춘들에게도 튼실한 씨알 여물게
맑은 바람 속으로 황금 축복 듬뿍 내려주소서.

헌 구두

돌밭 진흙탕 가려 살 형편 못 된다

머리 꼭대기에서 고귀한 자태로 앉은 그대
한때, 내 이럴 수 없는 별이었다
부러웠고 동경했다

삶을 위해 몸부림쳐 왔어도
콩나물국 면치 못하고

개미 행렬 이어져 온 족보 속 모습은
숱한 날밤 일하며 지새운 죄로
일그러진 양은 주전자 같구나

전시장 조명 속 시선 집중되는 자리에
폼 잡고 앉아 높은 콧대로 기죽일 땐
통쾌했었지

뜬구름 인기인 걸, 분수 모르고 살다

폭풍우 속에 나뒹구는 모습 보고 나서야
환상과 동경이 무지개인 걸 알겠다

밑창 터진 채 맨바닥 구석 자리여도
분수 지키며 살아가는 우둔한 몸이다.

둥근 삼각형 자화상

낭만파 인물이었음 좋았겠다
하지만 입체파다
이마에 솟은 두 뿔과 엉덩이에 난 뿔 때문에
둥근 모습으로 그릴 수 없다

일터에서 내뿜는 거친 숨소리는
교향곡 음표이고
일그러진 미소 속에는
비밀 코드가 들어있다

벼랑길 등짐 지고 가는 밤
별을 보며 점치시던 할아버지 기원
무서리 내린 새벽 정화수 떠 놓고
자식 행운 빌던 어머니 애끓는 염원
양 볼에 점박이 스미었다

사실적 화법으로 담아내지 못해
이미지로 그렸더니,

뿔이 셋 달린 모난 삼각형이다.

신령님 전 무릎 꿇고 자손 점지해 달라며
격랑 속 찢어진 돛폭 잡고 지새운 밤
새벽 날에 홀연히 나타난 섬 하나

치맛자락 나풀거리며 해맑은 웃음 띤 모습을
들국화라 부르듯,
비틀 걸음으로 지나온 삼각 발자취.

구두 한 짝

밤새워 울었나 촉촉이 젖었구나
가등 희미해진 이른 아침
발길 드문 도시 외진 뒷골목

페인트칠 벗겨진 긴 나무의자 아래
구겨진 포장지 빈 종이컵 함께
어지럽게 널브러진 자리에
마지막 보루 자존감마저 내려놓았다

지난밤 일어난 사연이야 알지 못해도
새우등 하고 엎드린 서러운 한 짝
동행하던 못난이 간 곳 모르고
어쩌다 여기까지 와서 혼자 뒹구나

이슬 맞고 다니는 야행성이
나 닮아 애닯구나
중천에 가던 낮달이 가만히 눈을 감는다.

3/

퍼즐 게임

갈라진 틈 사이를 가득 채워, 두 머리 인간상이 완성될 때 게임은 끝나고, 새로운 세상이 열린다

대륙에 아침 해가 가장 먼저 당도하는 동쪽 끝자락, 밤을 새워 지구를 한 바퀴 돌아온 해를 맞이하는 땅에 지동설을 믿지 못하는 여인과 장엄하게 떠오르는 태양을 만물의 근원이라 믿는 사내가 만나 꽃비가 내린다 세상은 나를 중심으로 돈다고 믿는 종족은 태양을 숭배하는 족속을 미개하다 생각하며, 날마다 마른하늘에 천둥번개가 친다

내 시곗바늘은 왼쪽으로 돌아가고, 여인의 머릿속은 언제나 오른쪽으로 돌지만 하루 두 번의 만남은 어김없이 이뤄진다 태양이 자오선을 밟고 선 정오, 지구 무게보다 무거운 눈꺼풀이 내려오는 자정, 퍼즐게임은 고르디우스 매듭*으로 남겨둔 채 또 하루를 넘긴다

아울렛에 들렀다 베이지색 바탕에 체크 무늬 남방을 들고 선 사내 옆, 다른 한 곳에서 원색 무늬 티셔츠를 들고 섰다 아득한 시공간 어디쯤에서 갈라진 아메리카 인

디언과 남미 인디오를 생각한다 한쪽은 동전 같은 쇠붙이를 즐겨 삼키는 불가사리 유전자를 이어왔고, 다른 한쪽은 흙냄새를 좋아하는 두더지 염색체를 타고났다 공통점을 애써 찾아보니, 먼 조상이 곰씨이었다

  외출을 나서며 운전대를 잡았다 신호가 바뀌고 앞차가 출발하고 나서 열 발을 가지 못하여도 하염없이 큰길만을 고집하는 사내, 미련이 곰보다 나무늘보 형님이시다 돌아오는 길에 술이 거나해진 사내가 조수석에서 졸고 있는 사이, 좁은 골목을 헤치고 찾아오는 민첩함은 올림픽 메달감이어도, 도착하는 시간은 매번 자정 무렵이다

  띠를 따라 벌어진 틈 사이를 메울 한 조각을 찾기 위해 밤잠 설치며 구석구석 돌고 돈다.

  * 고대 프리기아의 왕 고르디우스가 묶은 전설 속의 매듭. 복잡한 문제를 간단하게 해결하는 상황이나 발상의 전환이 필요한 문제를 지칭하는 데 쓰인다.

여우 사냥

살아온 자취를 시로 써 남기니, 경전을 쌓아 큰 산을 이루었다
산속에 꼬리가 아홉 개 달린 오색 털 여우가 산다

계곡 깊숙한 곳, 호수 속에 비친 자신의 그림자를 넋 놓고 바라본다 한 번 만나면 누구나 잡고 싶은 충동에 빠진다

움직이는 생명체이면 무엇이든 붙잡으니, 멧돼지 노루 오소리 등이다 이들에겐 역동적 생동감은 있으나, 마음을 사로잡는 오묘한 매력이 없다

숲속 산책길에서, 들불 일어나듯 불현듯 무언가 갑자기 일어나 머릿속을 헤집고 어른거리다 금방 사라진다 골똘히 생각에 젖어 걷고 있으려니, 또 불쑥 나타났다 얼굴은 보이지 않고 꼬리만 산들산들 흔들어 보이고 슬며시 사라진다 바로 이 산속에 산다는 그 오색털 여우인 것이다

〉

　깊은 밤, 자리에 누우니 언제 따라 들어왔는지, 구석구석을 헤집으며 뒤적인다 가만히 놓아두고 있으려니 사라지고 없다 무엇이었는지 도무지 형상이 보이지 않아도, 묘한 마력에 홀려 혼을 빼앗긴 채, 밤을 꼬박 샌 적이 여러 번이다

　사색에 잠겨 알 수 없는 매력 고운 색깔에 현혹되어, 잡아 보기로 결심했다 방법을 수소문하고 검색해서 사냥법을 탐구했다 은밀한 생리를 갖고 있다 누구에게도 함부로 마음을 열어 보여주질 않았다 은근한 비유로 다른 형상을 일으킨다 마음을 사로잡는 매력덩이를 한 번이라도 손에 넣기 위해서는 섬세하게 다루어야 한다

　오래전 아리스토텔레스 때부터 비책이 전수되어 오고 있음을 알았다

　선조님들께서 고원으로 사냥을 나갔을 때다 코끼리

뼈를 우연히 발견하게 되었다 한 곳에 모아놓고 가만히 생각해보니, 처음 본 형상이었다 신전의 기둥 같기도 하고, 바나나 잎사귀 같기도 하고, 목동이 불던 호른을 뒤집어 놓은 것같이 생긴 것이 매우 흥미로워서, 이런저런 생각에 나래를 펴니 코가 한 발이나 자랐다

   은밀하고 섬세한 감성을 가진 놈의 특성을 이용하자 올무나 덫을 쓰지 말고 감미로운 말로 유인 포획함이 효과적임을 알았다
   호락호락하지 않다 오색 털 속에 아홉 개 꼬리를 흔들며 여우 습성인 그와 평생토록 숨바꼭질하며 동행할 수밖에 없게 되었다, 차라리 친구로 살자.

더부살이

내부에 적이 있다 처음엔 기싸움이었지, 사육당하지 않으려고 구름 위를 날았다 그러다 땅 위에 내려서는 법을 잊고 바람 되어 떠돈다

체면치레하며 살려니 거추장스러울 때가 많다 벗어 던져 버리려 하니 허약한 골격에 사마귀 근육이 부끄러워 그러지 못하고 산다
 겉모습을 표현하지 못한다 투명체인지 눈에는 전혀 보이질 않는다
 뱃속에 사는 기생충 같은 놈이라면 약 처방이라도 하고, 첨단장비를 써서 붙잡아 끌어낼 수라도 있을 텐데, 참 난감한 상대이다

분명히 무언가 안에 들어앉아 있기는 한데, 황소 고집이다
 적을 알지 못하니 신체를 단련한들 무슨 소용이랴 내면 깊숙이 똬리를 틀고 들어앉아 있다 섬세한 감성까지 가졌는지라, 잘못 건드려 화라도 키우면 낭패다 독기를

뽐으며, 몇 날 며칠씩 꼼짝하지 않고 있으니 숨이 막힌다

 언제 어떻게 안으로 들어왔는지 정확히 알지 못한다 서너 살 때쯤이었지, 자아가 싹트고 자라나기 시작하면서, 너와 나를 구분하던 그때쯤이었을 것이다 꽃 얘기를 하다가도, 어쭙잖은 말 한마디에 무시당한 듯이 얼굴색까지 붉히는 얄궂은 성미를 가졌다 돈 들 일도 아니고 힘쓸 일도 없는데, 열등의식이 발동하여 맑은 날 그림자 모양 더욱 선명하게 존재감을 드러내며 예민한 반응을 보인다

 어쩜, 눈높이 때문일지 몰라
 가끔 가오리 눈이란 소릴 듣기는 하지, 트레이드 마크인 콧대는 함부로 건드렸다가 누구든 봉변을 당하기 십상이다 제풀에 '속이 상하네 마네' 들먹이는 꼴불견이다 그래봐야 배고픈 가련한 이들에게 붕어빵 한 조각만 못한 것인데, 선인장꽃 같아 가까이하기에 너무 불편한 그대여

〉

 싸움 발단이 대개 허울뿐인 명예 문제일 때가 많은 이유도, 비틀어진 명태포 같은 이놈 때문일 때가 많다 시시포스가 산 위로 바위를 밀어 올리며 허송한 그 세월 동안에, 시퍼렇게 야수의 눈을 하고 웅크린 채 들어앉아 내 안방을 지키고 있다

 어쩌지 못해 이제부터라도 어깨 토닥여주며, 장단 마추어 함께 살아가야겠다 닭가슴살 취급 당하면서 내부의 적으로 더부살이하는 가여운 내 주인님!

날씨 탓

희망은 구름에 가리어진 햇살이고 바람에 흔들리는 꽃잎 같아, 마음은 기압골 배치에 따라 하루에도 몇 번씩 주가 오르내리듯 한다

어깨 통증이 심하고 기분 우울하다
욕실 주방 집 안 구석구석 곰팡이가 피고, 빨래걸이 위 세탁물이 마르지 않아 신경질적이다
집 안에서 짜증 피우는 게 저기압 때문이기도 하지만, 외출하며 벗어 던져둔 옷가지 때문이다

물만 먹어도 살이 찌는 체질인데, 가족 간의 갈등이며 집안일로 인한 스트레스가 원인인 듯 아무리 헬스클럽에 다니고 수영까지 하며 애를 써 보아도, 허연 뱃살이 무섭다 간식을 먹지 않는 날엔 삶의 의욕이 바람 부는 봄날 흩날리는 벚꽃잎 되어 낙화한다

과일 속에 애벌레가 들어가서 과육을 파먹은 것이야, 산 생명이 먹고살자고 한 짓인 걸 어쩌겠나, 배변은 밖

에 나가서 할 일이지, 자식새끼 교육을 어떻게 가르치길래, 장맛비를 탓할 텐가?

　당신 내가 화를 내는 이유를 설명해야 알겠는가?

　햇볕 좋은 날은 혼자 밖으로 나돌다 눈비 오는 날이면 집이 무슨 잠자는 여관방인가
　가끔 잘해주고 싶다가도, 많은 유산을 물려받기를 했나, 고기 썰기 좋은 잘 드는 나이프 한 자루가 있기를 하나 아님, 생활비를 듬뿍 가져다주든지, 그도 저도 아니면 집안일이라도 나서서 도와주면 신바람 날리며 잘해 줄 텐데…

　날씨가 쾌청하니, 어두운 밤하늘 별이 총총 반짝이고, 달빛 푸르다.

당산나무 당부

 허리통이 굵은 것은 천 년 넘게 하늘을 떠받치고 살아온 탓일세
 칠흑 밤 마을 입구에 우두커니 바람 막고 서 있는 건, 까만 눈망울 깜박이는 어린 것들을 지키기 위함일세

 햇볕 따가운 한낮이면 그늘 아래 둘러앉은 젊은 놈들이 하는 소릴 들어보면 "늙으면 죽어야 돼" 하질 않나, 마음이 나이보다 더 늙어서 그 참, 나같이 조금 오래 살아 봐, 볼 것 못 볼 것 많이도 봐 왔다네

 동네 뭇 개자식들 한쪽 다리 쳐들고 휘갈기고 간 건 너무 흔한 일이어서 그만하고, 철마다 찾아드는 까막까치 매미 잠자리 같은 나는 것들, 시도 때도 없이 엉겨 붙어 '운우지정' 나누는 부끄럼 모르는 족속이 하는 짓이니 보아 넘겨주지만, 마을 젊은이들이 부둥켜 안고 있질 않나, 조무래기 풋내기들은 한낮에도 뒤에 숨어서 입맞춤질 한다네…

〉

  근엄하신 자네 조부님 생전 먼길 떠나실 때, 내 발아래 서서 무탈하게 잘 보살펴 주십시오 여러 번 간청했었지, 새해가 밝으면 가장 먼저 하신 일이 마을 주민과 집안 가족들이 평안하기를 소망하셨다네

  해마다 음식 장만해서 찾아와서, 술잔 올리는 그 정성이 너무 가상하여 눈 감고 모른 척 살아온 지가 어언 이만큼이나 되었다네 이쯤 되어 보니, 하늘의 뜻이 무엇인지 어떻게 살아야 하는지, 어렴풋이 알겠네
  무작정 도시로 떠나서 제비 가정 이루어 자식 커가는 모습 보며 살면 그만 됐네

  마을 떠날 때 내 앞에서 허리 굽혀 한 그 말 잊지는 말게!

  야수에 쫓기듯 끼니때 놓치지 말고, 밤잠 설치며 허겁지겁 살지를 말게나!

〉
　돈도 이름도 물 위의 거품인 거야, 모였다 바람 불면 흩어지는 구름인 거야

　기왕에 왔으니, 한세상 건강히 재미나게 살다 가세!

눈물이 나는 까닭

갈증 씻어 내리는 샘 하나 있어, 네 생각에 가슴 벅차오를 때면 솟아난다

폭풍을 만난 나무는 슬피 울어도 눈물 보이지 않고, 가는 길 힘난한 강물은 속으로 깊은 신음 하면서도 소리 내어 울지 않으며, 장미가 눈부시어 바라볼 수 없어 눈물 난다

세상에 오염된 먼지가 묻지 않았기 때문에 여린 그대의 눈물이 더욱 영롱하다
외진 곳에 어둠이 내릴 때, 홀로 한숨지으며 흘리는 눈물이 짙을수록 별은 더욱 찬란하다

호수 위에 떨어진 낙엽을 바라보며, 지나온 날을 생각하는 주름진 눈가 얼룩진 방울이 보석 되어 반짝인다.

K-디아스포라

    토함산 너머 동남해안으로 가는 길 관해령 통과하여 노티재 지나면 눈감아도 선명한 돌아가지 못하는 산천이 있다
    "가라 그리움이여 황금빛 날개를 달고"*

    아카시아 향기 날리는 오월이 오면 벌 나비 춤추고 뻐국새 울며, 가을 창공 황금 들녘 위로 제비 떼 지어 편대 비행 훈련하는 그리운 산하

    개구리 메뚜기 잡고 뛰어다닌 벌판에 지천으로 피어난 꽃향기 그윽한 곳
    언제 다시 돌아가려나? 막아서는 이 아무도 없는데 가지 못하는 이 심정, 바빌론 강가 히브리 노예이어라

    아침이 밝아오면 지하 통로 줄지어 들어갔다 저녁에는 콘크리트 성벽 위로 개미 떼로 몰려다니는 한반도에 나타난 신 종족, K-디아스포라

〉

  고향 앞산에 올라서면 바다 한 귀퉁이가 학교 길에 동여매고 다닌 책보자기 한 자락만큼 빼꼼히 보이고, 조상님 함께 쉬고 계시는 안식처가 있다

  맑은 바람 밝은 달빛 그대로 남겨두고 불빛 휘황한 도시 거리의 공장 사무실로 지향 없이 떠도는 무리 속에 함께한 자의 잊을 수 없는 성지

  한낮인데, 사람 그림자 잘 띄지 않는다.

    * 베르디 오페라 〈나부코〉 중 「노예들의 합창」 한 구절이다.

장미 전사

 천길 벼랑 험난한 성 위로 마음 벽에 밧줄 한 가닥 걸치고 장미 한 송이 가슴에 달고, 바람에 흔들릴 때마다 거친 숨 몰아쉬는 레지스탕스, 때를 놓치지 말아야 한다 마음 벽에 빗물 바람 스며들기 전에 서둘러야 한다 무릎 꿇고 한 맹세 바위성 굳센 신념 따위도 시간 앞에선 믿을 수가 없지

 손에 잡힐 듯하다 아득히 먼 거리에서 서성이는 안타까운 신기루
 천변만화하는 형상 붉고 푸른 순수의 색깔 하트로 사인 주고받는 법 익힌다
 관습 인습의 벽을 넘어야 당도할 수 있는 성역을 넘본다
 좌절과 포기를 모르는 용기가 오히려 처연하다 셀 수 없이 많은 청춘이 이 덫에 걸려 쓰러진 열병의 근원, 세상 끝까지 퍼져 나간 전염병의 근원이다

 몽유병자로 길고양이처럼 어둠 속을 헤맨다

꽃 피울 한순간을 위해 치른 인고의 시간은 훗날, 영롱한 보석 되어 빛나리라

더는 참지 못하고 금단의 성역을 넘어설 최후의 저항 의지를 가슴에 불태우며, 성스럽게 하트 그린다

차가운 가로등 불빛의 거리, 이방인이 서성인다 보이지 않는 감시의 눈길 피해 둘만의 사인을 보내는 청춘의 눈에는 엘이디 광채가 뿜어 나온다

일생에 다시 오지 않을 순간, 규범의 틀을 벗어던지고 저항하는 청춘의 특권인 열정 하나로 성벽을 넘을 꿈에 잠긴 장미 전사 어둠을 가른다.

강물 위로 떨어진 방울

  흙먼지 뒤집어쓴 채, 절벽 아래로 굴러떨어져 험준한 바위 계곡 지날 때
  부딪혀 난 시퍼런 상처 농투성이들, 침묵 시위하며 도도히 흘러가는 행렬 위로 가벼이 떨어진 한 방울 행운아, 세상은 그를 두고 '금수저'라 부른다

  세상을 주재하시는 보이지 않는 손길에 이끌려, 한 조각 구름으로 떠돌다
  자신도 모르고 내려선 자리가 침묵 시위대 행진 한가운데 자리였다

  보도블록 바닥에 떨어진 누구는 틈 사이로 스며 한 톨 씨알 싹 틔워 햇볕 보겠다며, 얼굴 내밀었다가 무참히 짓밟혀 부러진 허리, 질긴 생명줄 부여잡고 일으켜 세웠다
  황무지에 떨어진 방울은 혓바닥 갈라 터지는 갈증 참아내며, 낙락장송 길러놓았다

〉
하늘이 내린 즐거움 혼자서 다 누리니,
향수 속 양주 노랫가락에 묻혀 매일 살아가면,
세상살이가 뭔 재미?

구석구석 돌아보며, 자태 고운 님의 옷깃 스쳐가는 기쁨을 어찌 알리요
천지 사방 절묘하게 펼쳐놓은 풍광, 하늘의 걸작품 제대로 구경 한 번 못 해 본 채, 바다에 닿는구나

안타까움에 지나가던 달이 보고 구름 속으로 얼굴 감춘다.

공중화장실

대양 속으로 사라진 아틀란티스의 고요를 누리고 싶고 잃어버린 지평선 너머 샹그릴라를 품은 히말라야 고봉 되어 먼 곳에 머물고 싶다

아랫배에 신호가 잡혔다 허겁지겁 아고라 집회장을 찾아든다 오장육부라도 내놓을 듯 고뇌에 찬 양심고백 신음소리까지 내며 신물 쏟아놓고 가는 군상에 이골이 났다

포장된 패스트푸드 같은 위선과 가식을 삼킨 이놈 저놈이 배설한 말들이 통째로 굴려 다닌다

입 앙다문 신사, 말들의 성찬에 취했나 속옷 젖었나 먹구름 낀 얼굴로 고해성사하고 나오더니, 금세 구원 받은 듯 화창한 봄날이 되어 화색 만면이다

철인이 명상에 잠겼다 떠난 자리의 벽 위엔 "신은 죽었다" "너 자신을 알라" 잠언이 향기 속에 남아있다

W 표시된 꽃가게 황새 자세로 머쓱하게 문 앞을 지키며 서 있는 젊은 사내 어깨 위 핸드백이 그림자 쪽으로 기울었다

유토피아를 찾아 광명천지로 나아가는 터널, 욕망이 뒤섞인 카오스 세계, 중생이 육신을 의탁할 보살 도량이다.

국화빵 한 봉지

입동 지난 쌀쌀한 날 어스름에 골목길로 들어오다 삼거리 모퉁이에 환하게 전등불 밝힌 포장마차 한 대 새롭게 눈에 들어온다
지난해 이맘때에도 저 자리에서 아주머니 한 분이 풀빵을 구워 팔던 기억이 나서 힐끗 들여다보았다 사람은 확실하게는 분간하지 못해도 중년의 여인인 걸로 보아 지난해 그분이 맞다

자석에 끌리듯 발걸음이 끌려간다 빵틀에 정성스레 재료를 넣고 있다

"날씨가 쌀쌀하네요. 내일부터 기온이 떨어진다지요"
"지난해 여기에서 장사하시던 분이 맞죠?"
"기억해 주셔서 고맙습니다"
"국화빵은 찬 바람이 불어야 제맛이지요. 삼천 원어치 주세요"
"팥으로 드릴까요?"
"아니면, 무엇이 더 있는지요"

"치즈 든 것도 있지요"
"섞어 주시죠"

다섯 개씩 넣고는 한 개를 더 넣었다
팥이 여섯 개일까 치즈가 여섯 개일까?
궁금하다
집에 가면 아내는 아마 치즈를 더 좋아할 것 같다

국화빵 봉지 따뜻한 온기로 가로등 불빛 포근하다.

다시 오지 못할 것에 대하여

소슬바람 부는 강변 산책로 위에 서서 석양을 바라보며, 다시는 오지 못할 것을 생각하네

"지금이 가장 젊은 날" 우스갯소리로 하는 농담이란 걸 모르지 않다 가만히 생각하면 참말이다 깊은 뜻을 담아 한 말은 아닐지라도 생각의 끝은 씁쓰레하다

젊음은 문틈 사이를 지나가는 백마 같다는 걸 너무 늦게 깨닫는다

반복되는 일상 속 어느 한순간 소중함을 깨듣는다 그때가 되어서야, 강물 되어 흘러가버린 젊은 날을 너무 덧없이 보냈구나 하는 아쉬움에 사무친다

고향산천 풀벌레 잡고 물장구치던 아련한 추억 속 어린 날들, 진주알처럼 반짝이는 학창 시절, 별을 향해 밤을 낮 삼아 들소처럼 날뛰던 아픈 기억 속 시간들이 허허로이 늘어선 가로등 불빛이 되어 하나둘씩 켜진다

〉
　붙잡지 못한 인연, 떠난 사람을 그리워하며
　너무 높은 하늘만 쳐다보느라,
　따사로운 햇살에 취해 혼자 떨어져 구르는 알밤 주울 생각조차 하지 못했다
　떠가는 구름 스쳐는 바람인 듯 날려버린 보석아!

　사소한 오해에서 비롯된 일을 어설픈 대처로 오래도록 상처로 남긴 일들,
　따뜻한 대화 없이 소 닭 보듯 걸어온 황무지 길
　되돌릴수 없는 아쉬움과 회한에 찬 눈망울에 이슬 맺힌다.

덩굴손 사랑

Ⅰ
연년생 아들 낳아 붉은 눈 뻐꾸기 양육법을 익혔다
출근하고 외출 나가며 어머니에게 둘 맡겨두고 하루해 넘길 때,
잠투정하는 둘째 손자 등에 업으니, 칭얼대는 큰 녀석 품에 안고, 앞뒤로 동여맸다

삼인이각, 세 몸에 두 다리로 힘든 줄 모르고, 거실 몇 바퀴 돌다 집 밖에 나가 주변 서성이어도 집 나간 그림자는 돌아올 기미 없다 누가 쳐다보면 멋쩍게 미소 짓고, 농사일하던 갈퀴손으로 기저귀 갈아 채워서, 또 한 바퀴 돌아온다
내 억센 이 손 뻗어 넘지 못할 벽은 없다

Ⅱ
첫째 자식, 아들 둘 낳아 자신이 자란 모습 그대로 장모 품에 탁란시켜 놓았다

손에 닿는 것이면 무엇이든 만지고 싶다 매달리며 기어오를 때다
　장난감 놀이하는 첫째에 관심 팔려, 천방지축 설치는 둘째 잠시 눈앞에서 놓쳤다

　냉장고 문 열어 기름병 뒤집어 놓은 난장판을 수습하는 중인데, 첫째는 베란다에 나가 화분 흙 퍼내어 놓고 바닥에 칠하고 있다

　토실토실 엉덩이가 아까워, 손 한 번 대지 못하고 품안으로 껴안기만 한다
　움켜잡은 굳센 손 생전 놓지 않으리!

길목

영원히 머물 수 있는 곳은 어디에도 없다
 수술실 앞에서 아들과 불안한 마음으로 마주 앉아 있다 예정된 시간이 지나갔어도 안에서는 아무런 반응이 없다 이제나저제나 소식을 기다린 지도 한 시간이 넘었다
 중앙 수술실이 있는 2층에는 흰 가운을 입은 의료진 한두 명이 가끔 들락일 뿐이다 그때마다 붙잡고 물어도 아직 수술이 끝나지 않았다 할 뿐이다 애타는 시간은 점점 늘어나 무엇인가 잘못되어 가는구나 하는 불안에 싸인 채 대책 없이 기다린다 다른 층과는 전혀 다른 분위기이다
 출입하는 사람도 없는 폭풍 전야 같은 적막 속 공간 침묵이 누르는 침침한 복도에 보호자 대기석에 죄수처럼 하는 일 없이 둘만 우두커니 앉아 몇 시간째 대기 중이다
 핸드폰을 열어 여기저기 기웃대며 인터넷 서핑을 하다 귀에 번쩍 들어온 음악이 있었다 '타임 투 세이 굿 바이Time to Say Goodbye'란 곡이었다. 혼성 듀엣으로 천상

에서 속삭이듯 들려오는 음악 속에서 "지금은 안녕할 시간"이라며 이별을 알리는 소리가 들린다 여가수 사라의 목소리는 천상의 소리처럼 들린다 속삭이듯 느리게 흐르는 곡과 장소의 분위기 맑은 목소리가 예언자의 말씀을 듣는 것만 같다 이어폰을 아들과 한 갈래씩 나누어 꼈다 가사의 내용 전체는 잘 알지 못해도 굿~ 바이! 굿~ 바이! 남자 가수와 주고받는 애절한 가사의 메시지는 분명하다

   어머니께서 입소 생활하던 요양원 실내에서 새벽에 넘어지셔 고관절 부위가 골절되었다 고통을 호소하며 굽신을 하지 못하였다 의사 소견이 수술하지 않으면 얼마 가지 못할 것이라 한다 어른들의 뼈 수술은 매우 위험하여 가급적 하지 않아야 한다는 말을 많이 들었어도 요행을 바라며 수술 동의서에 사인했다 시간이 많이 지났어도 아물지 않아 재수술을 받는 중이다 불길한 생각은 시간이 갈수록 점점 깊어간다

〉

　홀로 지낸 세월이 너무 길었다 경주의 동쪽 지역 산 밑의 양지바른 곳에 할아버지 때 지어진 초가집에서 삼십여 년을 사시는 동안 아홉 식구 모두 떠난 빈집을 혼자서 십 년 가까운 세월을 지켰다 떠나올 때는 밥솥 장독 쌀 단지 가재도구 세간 살림을 그대로 둔 채 아들 집에 나들이 오듯 오셔서 함께 삼십 년을 아들 근무지 따라 도시 이곳저곳에서 살며 가끔씩 둘러보고 오셨다 무의식적 생각 속은 항상 그 집이 내 안식처이고 다른 곳은 잠시 머무르다 가는 여행지 숙소 정도로 인식한다

　자연의 섭리를 거슬러가며 영원하고 싶은 욕망이 얼마나 허망한 일인지, 너무도 잘 알면서도 막상 나의 현실 앞에서는 발버둥 치며 부정하는 나약한 인간임을 경험한다
　회한과 기다림의 시간을 뒤로한 채, 어느 집으로도 다시 돌아오지 못하시고 안녕이라며 자식 손자들 배웅 속에 편안히 떠나셨다.

4/

꿈이 무르익는 시절

높아진 하늘마당 솜뭉치 풀어헤쳐 둔 채로
찜통더위 폭풍우 시련 함께 지샌 이웃
배살 줄인 태양초 팔러 시장에 가고

귀뚜라미 악장 풀밭악단 연주회는
성황리에 진행인데 고향 찾아 떠날 준비
비행훈련에 든 철새가족 석별가 쓸쓸하고

봄날 정겹게 눈 맞춘 과수원집 처녀 가슴
햇살 머금은 홍로 되어 붉게 물들어 가고
잠 이루지 못한 노인네 웃음소리 청량하다.

동백꽃 이별

하고픈 말 수만 마디 입안 가득 머금은 채
해풍 날리는 남녘 바닷가 언덕 위에
시름에 잠긴 붉은 가슴의 설운 여인

천길 벼랑 위 고운 치맛자락 펄럭이며
밀려드는 파도 하염없이 굽어보는 열정
사모한 죄가, 봄바람의 야멸찬 시샘 질투

동박새 찾아오길 기약 없이 기다리다
따사로운 봄볕의 달콤한 유혹에 취해
가녀린 손목 잡혀 총총 떠나는 결별.

봄바람

변치 않은 마음 하나 찾아 떠돈다
부드러운 햇살의 포옹 새싹들 환호성
잠에서 깨어난 대지가 놀라 들썩인다

야릇한 분위기에 취해 정신 놓고 헤매며
부끄린 홍매화 여린 볼 어루만지고
달콤한 입맞춤에 꿈길 속 헤매이다

맑은 하늘에서 휘몰아친 싸늘한 변심
놀란 여린 가슴 어찌할 바 모른다
가는 곳 알 수 없는 무심한 방랑자.

정情

나누면 많아지고 마실수록 더 갈증 심해
가까워질수록 잡고 싶은 오묘한 인생의 샘

밥만 먹고 못 산다며 애원하고 매달리며
혼자 애간장 태우는 바늘 없는 낚시질

구름처럼 떠돌다 빗방울로 떨어져서
그 샘에 발길 닿아 오래 머물고 싶어라.

방랑자의 노래

먼 길 헤매고 다녀 가슴에 응어리가 깊다
맑은 계곡 지나 따사로운 들판 휘돌아
절벽집에 사는 도시 들어오면 숨 막힌다

산줄기 넘나들며 거침없이 살았고
다리 가랑이 사이로 빠지는 재주가 있어
혼자서 떠도나니, 가는 길 막지 마라

낯선 곳에서 하늘 이불 삼고 이슬 베개 삼아,
아기별 곁에서 자장가 들으며 잠들었다가
물 따라 구름 따라 훌쩍 떠나버린다네

급할 일 없다, 이대로 가만 내버려두게
해변이든 강변이든 마음 닿는 곳에서
헐벗고 사는 정겨운 이 만나 함께 살겠네.

양심 거울

순박한 마음 벽에 때묻지 않은 거울 하나
오른손 왼쪽에 가져다 보여주는 얄궂은 성질
사람들이 그래서 왼 걸음을 걷는구나

똑바로 걷지 않는 부끄러움에 떼어버리려니
양심 없다는 소리가 두려워 그러지 못하네
거추장스러워 저걸 어찌 해야 하나

삐뚤어진 양심 바로 세워 바른 걸음 걷고
더 이상 늦기 전에 푸른 마음 갈고닦자
광명 천지가 내 세상인 걸 알려야겠다.

호박꽃

해와 구름의 사랑놀이 훔쳐보며
남몰래 부푼 가슴 내 사랑 그녀,
부끄럼 많은 순이 활짝 핀 고운 입술

발자국 소리에 호기심 참지 못하고
울타리 밖으로 살며시 얼굴 내밀어 놓고
그만, 함박웃음 터져버린 순박한 여인.

이슬방울

별들이 졸고 있는 고요한 새벽에
어둠 헤치고 아무도 모르게 찾아온 진객
가지 끝에 애처롭게 매달렸다

영롱한 눈빛 잊지 못해 다시 찾으면
흔적조차 남김없이 떠나버린 신비의 여인
안타까움에 하루 종일 마음 시리다

정이 너무 많아 어디에서 누구라도
풀잎이든 나뭇가지이든 가리지 않아
하물며 돌부리조차 정 나누는 살뜰함.

바람에 날린 씨알

꿈꾸던 작은 씨알 바람에 날려 떠돌다
메마른 땅 위에 떨어져 운명의 싹 틔워
생명줄 태어난 깊은 사연 어이 알리요
천년 세월로 쌓은 탑에 낀 이끼 푸르다

지나온 시간 별에게 전해두고
알 수 없는 앞길은 뿌리에 묻어두고
먼 하늘 바라보며 햇볕 즐기며
여린 새싹 키워 올려 꽃 피울 꿈 꾼다.

달빛 한 잔

처음 올 때 꿈 담을 잔 하나 들고 왔다.
어디에 쓸 건지 몰라 삼십 년 날려버리고
헛것에 욕심 생겨 기웃거리며 삼십 년

정신 차려 눈뜨니 머리 위엔 서리 내리고
한쪽 기둥 바람 맞아 비스듬히 기울었네
담으면 다 내 것인 줄 알고 밤낮 몰랐다

한눈팔며 살아온 미련, 밤하늘 쳐다보니
풀벌레 울음소리에 여행객 심정 애달퍼
잔 속에 싸늘한 달빛 비스듬히 채운다.

대가야 박물관에서

막막한 우주 떠돌다 우연히 만난 인연
왕으로 시녀로 살다 넋 놓고 잠들었다
박제된 삶의 잔재을 펼쳐둔 희미한 공간

넓디넓은 세상 어찌 여기에 와서 누웠나
생전에 이루지 못한 사모한다는 한마디
끝내 차가운 갱 속 어둠에 묻어 둔 채

이승에서 꽃피우지 못한 푸른 가지
어느 세월에 열매 맺어 떠나온 그곳
아득한 고향 어느 날 님 깨워 돌아가려나.

마음밭

시리고 쩍쩍 갈라진 가슴 틈 사이에
소나기라도 한바탕 쏟아졌음 좋겠다

한 사발 냉수로는 풀리지 않는 갈증인데
따뜻한 말 한마디가 생맥주보다 시원하다

주말 자식의 가족 모여들어 한마당 들썩일 때
물 주지 않았는데도 마음밭에 잎이 푸르다.

함께 가는 길

맑은 하늘 눈부신 햇살 따사로워라
남녘 들길로 고대하던 님 오신다네
눈치 없는 바람아, 제발 불지를 마라

천만 리 가야 하는 낯선 여정길인데
꽃향기 날리는 초원길이면 좋으련만
비탈진 벼랑길 왜 만들어 더디게 하나

그래도 너랑 함께라면 돌밭 가시밭길
맨발로 가더라도 힘들지 않아!
무지개 뜬 동산 위에 난 꽃길이라오.

겨울로 가는 길목

마을로 가는 길에 솟대 저 홀로 서서
길손에게 건네는 따뜻한 말 한마디,
짧은 해가 아쉬워 호빵 배 부푼다

찬 바람에 몸부림 치며 검붉어진 모습
석양에 흰머리 날리며 지나온 길
회상하는 눈가에 하얗게 서리 맺힌다

철새 떠가는 허공, 조각구름 외롭고
하룻밤 쉬어 갈 곳 찾는 외로운 길손
마음 둘 곳 찾아 불나방 되어 헤맨다.

이팝꽃 핀 사연

뻐꾹새 슬피 우는 허기진 봄날
하늘가에 펼쳐놓은 햇밥 잔치 한마당
신기루인지 눈앞 장면 현란하다

강변 이팝나무숲 우거진 장기 고을
귀양살이 객 시름 달래던 현내들이
담 너머로 훤히 내려다보이는 임중 마을로
열아홉 고운 나이로 시집간 누님!

대대로 가꾼 논밭 둑에 새파랗게 돋아난 쑥처럼
푸른 대문집 육 남매 맏며느리 되었네

올망졸망 어린 딸 다섯 허리춤에 달고
첫손자 기다리는 주위 시선 뜨거워도
끼니때면 나물찬 밥상 차려내고

서산마루 넘어가는 노루 꼬리 잠기도록
외진 밭에 홀로 앉아 깊은 시름에 잠겨

'한 송이 떨어지면 그만인걸' 하다가
친정엄마가 눈에 어리어 돌이켜 생각하네

하늘가에 햇곡 밥상 차려두고 이내* 속 가버린 엄마
서럽고 야속하여 밤새 몰래 삼킨 속울음 먹고,
새벽날에 피어난 가슴 시린 여인의 꽃.

　* 해 질 무렵 멀리 보이는 푸르스름하고 흐릿한 기운

발목 잡히지 마라

발 없이 천 리 가고, 손 없이 발목 잡아
수렁 속 헤어나지 못해 곰 같은 힘 쓰네
애간장 태우며 지쳐 허우적이는 미련아!

독기에 찬 한마디 참으니 동산에 달이 밝고
마음에 없는 빈말로 속 보이지 않으니
발걸음 가벼워 자국마다 향기 피어난다.

| 해설 |

자화상, 그 생의 뒷모습

신상조 문학평론가

자화상, 그 생의 뒷모습

신상조 | 문학평론가

여백의 미를 중시하는 동양화는 장년長年의 그림이다. 단일 소실점의 고정된 시점을 활용하는 서양화가 자기중심적인 젊음에 어울린다면, 다양한 시점으로 사물의 특징을 나타내는 동양화는 시각적 상호작용과 관련한 노년의 원숙한 시선을 가지기 때문이다. 청춘은 산꼭대기에 올라가서는 마을을 '내 발밑'이라는 심리로 내려다보고, 산 밑에서는 산봉우리를 정복하고 싶은 욕망으로 들끓기에 언제나 자기가 세상의 중심이다. 가시적 세계는 그를 기준으로 정돈되고, 자기 시선에 충실한 화가는 3차원적 환영illusion을 만드는 데 주력한다. 그러나 자기중심적인 원근법을 모르는 동양화는 먼 산과 가까운 산, 높은 봉우리와 낮은 봉우리를 동일한 화폭에 배치하는 다양한 시점의 심원법深遠法을 사용한다.

　심원법은 산의 바로 앞에서 그 산의 뒤편을 넘겨다보는 식으로 그리는 기법으로, 거듭 겹친 산세와 깊숙한 공간감을 표현하기에 적당하다. 소설가 김훈의 글(「늙기의 즐거움」)을 빌리자면 이러한 구도는 육안에 보이는 대로 칠해서는 그려지지 않는다. 화폭 맨 위나 맨 가장자리에 자리 잡은 우뚝한 산과 산 아래로 펼쳐지는 무진無盡한 강산, 그리고 논과 밭, 초가집, 정자로 표현되는 인간의 마을은 맨 아래쪽에 숨기듯이 배치된다. 동양 산수화 속에서 사람은 매우 작게 그려지는데, 풍경의 표면으로 얼굴을 내밀기를 저어하는 듯싶은 그 사람은 풍경의 핵심부도 아니고 풍경의 주인 노릇을 하지도 않는다. 애초부터 핵심부를 고정해 놓지 않은 동양 산수화는 세상에 대한 화가의 여러 시선이 겹치고 스며서 들어앉은 풍경이다.

　김현태의 『둥근 삼각형 자화상』은 제목 그대로 태어나고, 살아가고, 세상 속에 머무르는 생, 그렇게 풍경의 표면에 소박하게 자리 잡은 시인의 자화상自畫像을 동양화풍으로 그리고 있다. 자화상은 화가 스스로를 대상으로 그린 초상화를 의미하겠으나, 시적 대상이 시인만은 아니다. 시 속에 등장하는 시인이나 타인들은 동양화 속 저 사람처럼 풍경의 핵심부이거나 풍경의 주인 노릇을 하지 않는다. 원만하게 품어주는 둥글둥글한 성품과 태도로 살아가다 때로 모난 구석을 가지는 삼각형의 불편한 양상을 보이기도 하는 이 사람들의 초상을 우리는 진솔한 삶의 형식으로 받아들인다. 시인은 삼각형으로 살아온 자기 삶의 과정을 "천방지축 갈지자 걸음걸이"이었노라 표현한다. 이는 속된 삶이다. 그렇더라도 곁길로 빠지거나 먼 길을 돌아왔더라도 결국은 "살아온 발자국마다/꽃송이 송이 향기 짙다"(「序詩」)라는 고백이 중요하다. 속된 삶의 반대편에 자리하는 성스러움이다. 성聖을 추구하지만, 그보다는 속俗을 경험하며 살아가는 게 인생 아니던가. 무엇보다 시인은 삼각형처럼 뾰족하게 세상과 거리를 두며 살기보다 둥글게 둥글게 손을 잡고 함께 원을 그리며 춤추듯 살아가는 삶을 지향하며 살아온 모양이다. 「미소」는 그러한 시인 삶의 자세를 보여주기에 이 시집의 마중물 역할을 하는 작품이다.

만년빙벽 무너지게 하는 것이 부드러운 바람이고, 돌덩이로 굳은 마음 허물어지게 한 것이 소리 없는 웃음이었다

따사로운 햇살 아래 철책 울타리 틈 사이로 얼굴 내밀고 웃음 짓는 장미의 화려함보다, 깊은 계곡 맑은 공기 속에 깊은 생각에 잠긴 백합의 순박한 자태에 마음 설렌다

〉

　식당에 모여앉아 흥허물 늘어놓고 공허한 웃음 날리며 하루해 보낸들 돌아서 집에 오면 쓴 나물 씹은 듯 씁쓰레한 기분 어쩌지 못해

　봄날 꽃 잔치판에 흐드러지게 웃음 짓는 벚꽃 개나리 옆자리 피해 가만히 뒷담장가에 홀로 배시시 웃음 띤 매화 춘심이 더 어여뻐라

　작열하는 태양을 사랑한 해바라기 열정을 흠모하지만, 찬 이슬에 머리 감고 소슬바람 속 아침 햇살 맞으며 해맑게 웃고 있는 국화의 순박한 모습이 네 모습 닮아서 좋아라.
 - 「미소」 전문

　「미소」는 이원론적 대비를 중심으로 시상이 전개된다. 화자는 우선 '만년빙벽'이나 '돌덩이'처럼 굳고 완강한 것들에 균열을 가하는 것은 더 강하고 억센 힘이 아니라 '부드러운 바람'이나 '소리 없는 웃음'이라고 말한다. 이솝 우화에서 나그네의 옷을 벗기는 건 힘을 자랑하는 바람이 아니라 달래고 어루만지는 해의 따스한 온기인 이치다. 이어서 그는 화려한 장미보다 순박한 백합을, 잔치판의 흐드러진 웃음 같은 개나리보다 담장가에서 웃음 짓는 매화를, 열정적인 해바라기보다 순박한 국화가 '더' 좋다며 비교·대조하는 사물들을 병렬한다.

"식당에 모여앉아 흉허물 늘어놓고 공허한 웃음 날리며 하루해 보낸들 돌아서 집에 오면 쓴 나물 씹은 듯 씁쓰레한 기분 어쩌지 못"한다는 그의 고백으로 짐작건대, 그는 실속 없고 본심이 빠진 빈말이나 경박하고 진실하지 못한 태도를 지극히 싫어하는 눈치다. 존재의 본성은 그 자체에 있다기보다 관계의 사이에서 생성된다. 그런 맥락에서, 세속적 삶의 풍경이 '흉과 허물'에서 벗어나지 않기에 시인의 교우交友는 다소 위태로워 보인다. 그는 대화에 끼어들지 못하(않)거나, 남에게 말할 수 없고 이해받을 수 없는 고민에 빠져 군중 속의 고독을 유지할 것만 같다. 그가 경멸해 마지않는 허언虛言과 허사虛事와 대비되는 것은 한마디로 '순박함'이다.

"꾸밈 없는 순수함"(「홍옥빛 마음」)에 대한 화자의 편애는 "순박한 자태에 마음 설렌다"거나 "순박한 모습이 네 모습 닮아서 좋"다라는 두 번의 반복을 통해 여실히 드러난다. 순박함은 삼각형보다 둥그런 원에 어울린다. 그리고 『둥근 삼각형 자화상』에 등장하는 타자들의 모습 역시 그러하다. 그들은 자기를 주장하며 뾰족하게 각을 세우기보다 온화하다 못해 안타까울 정도로 유순한 삶의 모습을 보인다. 「낮달맞이꽃」과 「겨울산」이 노래하는 두 노인의 삶을 들여다보자.

전장에 간 남편 기다리는 과수댁
폭풍우 휘몰아치던 광란의 세월 속에
동분서주 홀로 감당하다

햇살 따사로운 늦은 가을날 오후
가창골 요양원 창가에 앉아
세상 시름 다 내려놓은 무심의 경지

유일한 바람 있으니,
자식 손자 찾아와 얼굴 쳐다보는 일
자동차 들어오는 정문 앞만 매일
하염없이 바라본다

학의 긴 목 접힌 채로 꿈속 헤매일 때,
동산 위에 뜬 낮달이
경전인 양 읽는다.

- 「낮달맞이꽃」 전문

「낮달맞이꽃」의 주인공은 6·25전쟁에서 전사한 남편을 기다리며 살아온 여인이다. 살아 돌아올 리 없는 남편을 일평생 기다린다는 건 남편에 대한 사랑과 그리움을 가슴에 품고서 끝끝내 그를 잊지 못한다는 말이다. 시인은 "학의 긴 목 접힌 채로 꿈속 헤매"인다며, 남편이 돌아오기를 '학수고대'하는 여인의 바람은 '꿈'을 매개로

나 이루어질 수밖에 없음을 우회적으로 표현한다. 과수댁의 안타까운 처지는 제목에서도 선명해진다. 주지하다시피 '달맞이꽃'은 달이 뜨는 밤에 핀다고 해서 붙여진 이름이다. 반면에 흔히 정원에 심는 낮달맞이꽃은 낮에 피는데, '달맞이'라는 이름은 가졌으되 이름값을 할 수도 없고 해서도 안 되는 이름을 가진 꽃이 낮달맞이꽃이다. '달'이 임을 상징한다면, 낮에 피어나는 낮달맞이꽃은 임의 부재를 숙명적으로 끌어안은 존재인 것이다. 시인은 '낮달맞이꽃'이라는 역설적 이름의 제목을 통해 이 과수댁이 여자로서의 욕망과는 거리가 먼 삶을 외롭게 살아왔음을 은유한다.

시의 전반부가 홀로된 과수댁의 과거라면, "동분서주"하며 남편 몫까지 힘을 다해 자식들을 뒷바라지하던 그녀의 현재는 "가창골 요양원 창가에 앉"아 있는 모습으로 그려진다. 요양원에 노년을 의탁한 과수댁의 "유일한 바람"이라야 이제는 "자식 손자 찾아와 얼굴 쳐다보는 일"이 전부라서, 오늘도 자동차 들어오는 정문 앞만 매일 하염없이 바라본다. "세상 시름 다 내려놓은 무심의 경지"이니 과수댁은 동산 위에 뜬 낮달도 가르침과 깨달음을 안겨 주는 경전인 양 읽을 수 있는 경지다. 시인은 삶의 끝자락에 서 있는 노인의 느낌을 '무심'이라 읽는다. '무심'은 삶의 고통을 덜어주지는 못하더라도 거기서 벗어나기를 체념하는 데는 도움이 되는 말이다.

　다음으로 읽어볼 「겨울산」의 주인공은 "청상과수"로 「낮달맞이꽃」의 '과수댁'과 같은 처지다. 시인이 동일한 시적 대상을 놓고 연작처럼 썼든 아니든 달라지는 건 없다. 두 사람은 역사의 격랑을 온몸으로 겪은 세대를 표상하는 여인들이고, 이들에게 체념은 '인내'와 '품성'이라는 이름으로 내면화된 이데올로기다. 예컨대 「겨울산」의 청상과수는 '무심'으로 '체념'을 다독이며 한 생을 살아간다.

　　이마에 파인 주름 골골이 쌓인 시름
　　잔설 촛농 되어 흐르는 밤
　　님의 품에 안기었다

　　꿩 노루 무시로 드나들던 철책 속 간 곳 모르고
　　돌아올 기약조차 없다

　　올망졸망 삼 남매 품은 청상과수 가슴에
　　눈 덮인 등성이로 부는 바람 허허롭다

　　긴긴 겨울날 하얗게 눈발 머리에 이고
　　성황당 고갯마루는 넘지 말아야지
　　굳은 일념에도
　　엉덩이에 뿔난 자식 놈의 왜 사냐 하는

억장 무너지는 소리에는 회한의 눈시울 붉다

죄인인 양 다소곳이 입방아 조심하며
친인척 길흉사 참여하는 일이 마음 쉬는 나들이
꽃 피고 단풍 질 땐, 먼 산 바라보며
오지 않은 그댈 원망하고
단색 무명 베적삼이 나래처럼 편안했다

여든셋 해와 달이 꿈결인지 잠결인지 지나간
잔설이 촛농으로 녹는 이월 그믐밤
산수유 웃음 선물 새 가족 보듬은 채,
깊은 잠 들었다.
　　　　　　　　　　　　　　　－「겨울산」전문

    시의 1연은 "이마에 파인 주름 골골이 쌓인 시름"이라는 1행으로 말미암아 해석의 깊이를 요한다. 시집가서 첫날밤을 맞이한 새색시의 이마에 주름이 있을 리 만무하므로, 아마도 친정 부모의 시름을 뒤로한 혼사이거나 노년에 회상하는 '첫날밤'이 아닐까 싶다. 이러한 1연의 출발을 제외한다면, 이 시는 여자가 시집가서 아이를 낳고, 일찍 남편을 떠나보내고, 홀로 억척스레 삼 남매를 길러 출가시킨 후에 여든셋의 나이로 세상을 뜨기까지 한 여인의 일생이 요약적으로 제시되고 있다. 세월의 흐름에 따른 순행적 시상의 전개는 신생의 빛이 시간과 더

불어 퍼져나가다 노을과 합쳐지며 어둠 속으로 스며드는 듯 자연스럽다. 그러나 물 흐르듯 수월하게 지나가는 건 세월뿐이어서, "성황당 고갯마루는 넘지 말아야지" 하고 이를 악무는 "굳은 일념"에는 그녀가 겪었던 온갖 신산고초辛酸苦楚가 얼비친다. 여기에 '무심'은 끼어들 염치가 없다. 무심이란 아무렇지 않게 현실을 대할 수 있는 마음이지만, "억장 무너지"고 "회한의 눈시울 붉"은 이가 그럴 수 없음은 설명하려 들 필요가 없는 설명이다.

  이 시에서 독자들의 강렬한 심리적 반응을 불러일으키는 대목은 "자식 놈의 왜 사냐 하는" 소리다. "죄인인 양 다소곳이 입방아 조심"하며 "마음 쉬는 나들이"라야 고작 "친인척 길흉사 참여하는 일이" 전부였던 희생적 삶에 대한 대가치고는 모질고 박하다. 아무리 인자한 어머니라도 초월에 이르지 못한 중생인 다음에야 삶의 허망함에서 오는 분노가 한동안 그녀의 몸과 마음에 가득했을 법하다. 다음의 시는 그 "자식"의 모습이라 짐작되는 시인의 자화상이다.

    낭만파 인물이었음 좋았겠다
    하지만 입체파다
    이마에 솟은 두 뿔과 엉덩이에 난 뿔 때문에
    둥근 모습으로 그릴 수 없다

〉
일터에서 내뿜는 거친 숨소리는
교향곡 음표이고
일그러진 미소 속에는
비밀 코드가 들어있다

벼랑길 등짐 지고 가는 밤
별을 보며 점치시던 할아버지 기원
무서리 내린 새벽 정화수 떠 놓고
자식 행운 빌던 어머니 애끓는 염원
양 볼에 점박이 스미었다

사실적 화법으로 담아내지 못해
이미지로 그렸더니,
뿔이 셋 달린 모난 삼각형이다.
― 「둥근 삼각형 자화상」 부분

  자기 모습을 일컬어 "뿔이 셋 달린 모난 삼각형"이라는 것은 자기 위안의 서정을 넘어선 지독한 자기성찰적 목소리다. 자기를 엄히 반성하는 사람일수록 '뿔'로 불리는 삼각형의 모난 부분은 바깥보다 내면을 향하기 마련이다. 해서인지 "자식 행운 빌던 어머니 애끓는 염원"만큼이나 모친에 대한 그의 사랑도 지극해 보인다.
  시인의 이와 같은 반성과 회한의 이유이기도 한 "청

상과부"의 삶을 프리즘으로 분산해 본다면 가난에서 자괴감에 이르기까지의 스펙트럼 안에서 수없는 아픔들이 명멸하겠다. 하지만 모성이라는 빛은 이 모두를 '업'인 양 끌어안고 짐짓 아무렇지 않다며 '온몸'으로 침묵한다. 어미와 새끼로 표상되는 생활과 양육의 소중함과 엄중함은 김현태의 시에서 반복되는 모티브다. "어린 두 딸 품은 앙증스런 가슴"(「달개비꽃 여인」)이나 "여름 한철 새끼 길러 떠나야 하는 철새"(「햇살 좋은 날」) 등으로 형상화되는 양육은, 언제나 '늙은 모성'의 희생을 바탕으로 한다. "잠투정하는 둘째 손자 등에 업으니" 곧 첫째 손자가 칭얼댄다. 그 "큰 녀석 품에 안고 앞뒤로 동여맨"이 "삼각이인, 세 몸에 두 다리로" 양육하는 늙은 어머니의 보살핌으로 자식은 살아간다. 시인은 이를 두고 "연년생 아들 낳아 붉은 눈 뻐꾸기 양육법을 익혔다"(「덩굴손 사랑」)라고 고백한다. 뻐꾸기는 다른 새의 둥지에 자신의 알을 낳아 기르는 탁란을 양육 방식으로 진화한 새다. 이때 뻐꾸기의 알을 자신의 알로 착각해서 기르는 다른 새를 숙주host라고 한다. 손자가 남의 핏줄이 아니니 엄밀히 말해서 두 손자를 안고 업어 기르는 할머니를 숙주로, 자식을 노모의 손에 맡겨 기르는 아들을 뻐꾸기로 곧장 환치할 수는 없다. 다만 삶이란 늙고 쇠약한 몸이 젊고 강인한 하중을 버티어 내며 견디어 나가는 건지도 모르겠다.

　죽음은 때 되면 해가 저물고 철이 바뀌듯 자연스레 찾아온다. 시에서의 노모는 빌린 생 벗어놓고 홀가분히 떠나는 사람처럼 여든셋의 나이에 접어든 어느 이월 그믐밤, "꿈결인지 잠결인지" 모르는 새 저세상으로 "깊은 잠"의 거처를 옮겼다고 한다. 이제 읽어볼 「사진 한 장」은 「낮달맞이꽃」과 「겨울산」의 과수댁(청상과부)과 그녀 아들의 삶, 다시 말해 한국사의 파랑을 헤쳐나온 시인의 가족사를 한 장의 "흑백 사진"으로 선명하게 인화해 낸다.

　　기억 속 아버지 모습은 가을날 허공이다

　　한라산 끝자락 바람 거센 모슬포 연병장
　　기관단총LMG 한 대 세워두고
　　세 명이 함께 찍은 흑백 사진 속에 담긴 풍경

　　깡마른 얼굴 헐렁한 바지 찌그러진 모자
　　두고 온 먼 하늘을 바라보는
　　백록담 속에 비친 사슴의 푸른 눈빛

　　무심한 세월 지나고 전우가 전해 준
　　사진 한 장 들고 현상소에 갔더니
　　청년 하나 성큼성큼 걸어 나와

〉
촛불 켜고 향내 그윽한 거실 한가운데
이마에 골골이 사연 담은
백발 할머니랑 함께 앉은 자리

잔 올리는 사람도 지켜보는 이들도
눈가 촛농 길게 흘러내리는
육십 년이 지나가고 함께한 밤 깊어간다.
- 「사진 한 장」 전문

 이 시에서의 사진은 화자의 가족사와 크게는 우리 민족사의 접힌 주름을 펼쳐 보이는 일종의 통증과도 같은 매개물이다. 1연의 "아버지 모습은 가을날 허공"이라는 표현은 아버지에 대한 기억이 가을 하늘처럼 멀고 아득하다는 화자의 심정을 대신한다. 흑백 사진 속 아버지는 모슬포 연병장에서 기관단총LMG 한 대 세워두고 전우 세 명과 함께 자세를 취하고 있다. 아버지의 눈빛이 "백록담 속에 비친 사슴의 푸른 눈빛"을 닮았다니, 아들의 눈에 비친 그의 모습은 사슴처럼 순하고 어진 모양이다. '푸른 눈빛'에서는 흔히 청년의 꿈과 이상을 가리키는 '청운靑雲'이 연상된다. 당시의 아버지가 현재의 화자보다 젊은 청년이었을 테니, 참혹한 전쟁은 한 가정의 남편과 아버지는 물론이려니와 젊은이의 뜨거운 미래마저 앗아가 버린 것이다.

  한국전쟁을 등지고 지나간 "육십 년"의 세월은 곱고 수줍던 새색시를 "이마에 골골이 사연 담은/ 백발 할머니"로 바꿔놓고 말았다. 이를 인식하는 아들로서의 화자 마음이 아프다. 이제는 영정이 된 젊은 아버지의 사진 앞에 숙연히 잔을 올리는 이 시간, 전사한 군인의 유족들은 죽은 이의 적막에 닿을 수 없고 죽은 이는 남겨진 사람들의 슬픔과 애도를 위로할 수 없다. 그러므로 "눈가 촛농 길게 흘러내리는"으로 표현되는 눈물은 단순히 명사라기보다 화자의 복잡한 감정인 형용사에 가깝고, 이는 역사의 상흔으로 깊게 새겨진 우리 민족의 트라우마이기도 하다. 하지만 시인은 상처를 헤집는 공격적인 언어 대신 따스한 소통의 언어로 개인적이면서도 공동체적인 한국사의 고통을 증언한다. 죽은 아버지를 대신한 슬픔과 울분, 홀로된 어머니를 연민하는 마음이 합쳐진 정중한 애도를 화자는 망자에게 잔을 올리며 실행한다. 또한 화자는 육십 년 전 세상을 떠난 아버지를 이처럼 한 편의 시로써 정중히 맞아들이고 있다. 요컨대 이 시집은 시인 삶의 비망록("살아온 자취")이고, 지금까지 썼거나 앞으로 써나갈 시란 꼬리 아홉 달린 "친구"와의 동행이라 할 수 있다.

살아온 자취를 시로 써 남기니, 경전을 쌓아 큰 산을 이루었다
산속에 꼬리가 아홉 개 달린 오색 털 여우가 산다

계곡 깊숙한 곳, 호수 속에 비친 자신의 그림자를 넋 놓고 바라본다 한 번 만나면 누구나 잡고 싶은 충동에 빠진다

움직이는 생명체이면 무엇이든 붙잡으니, 멧돼지 노루 오소리 등이다 이들에겐 역동적 생동감은 있으나, 마음을 사로잡는 오묘한 매력이 없다

숲속 산책길에서, 들불 일어나듯 불현듯 무언가 갑자기 일어나 머릿속을 헤집고 어른거리다 금방 사라진다 골똘히 생각에 젖어 걷고 있으려니, 또 불쑥 나타났다 얼굴은 보이지 않고 꼬리만 산들산들 흔들어 보이고 슬며시 사라진다 바로 이 산속에 산다는 그 오색 털 여우인 것이다

깊은 밤, 자리에 누우니 언제 따라 들어왔는지, 구석구석을 헤집으며 뒤적인다 가만히 놓아두고 있으려니 사라지고 없다 무엇이었는지 도무지 형상이 보이지 않아도, 묘한 마력에 홀려 혼을 빼앗긴 채, 밤을 꼬박 샌 적이 여러 번이다

사색에 잠겨 알 수 없는 매력 고운 색깔에 현혹되어, 잡아 보기로 결심했다 방법을 수소문하고 검색해서 사냥법을 탐구했다 은밀한 생리를 갖고 있다 누구에게도 함부로 마음

을 열어 보여 주질 않았다 은근한 비유로 마음속으로 다른 형상을 일으킨다 사로잡는 매력덩이를 한 번이라도 손에 넣기 위해서는 섬세하게 다루어야 한다

  오래전 아리스토텔레스 때부터 비책이 전수되어 오고 있음을 알았다

  선조님들께서 고원으로 사냥을 나갔을 때다 코끼리 뼈를 우연히 발견하게 되었다 한곳에 모아놓고 가만히 생각해보니, 처음 본 형상이었다 신전의 기둥 같기도 하고, 바나나 잎사귀 같기도 하고, 목동이 불던 호른을 뒤집어 놓은 것같이 생긴 것이 매우 흥미로워서, 이런저런 생각에 나래를 펴니 코가 한 발이나 자랐다

  은밀하고 섬세한 감성을 가진 놈의 특성을 이용하자 올무나 덫을 쓰지 말고 감미로운 말로 유인 포획함이 효과적임을 알았다
  호락호락하지 않다 오색 털 속에 아홉 개 꼬리를 흔들며 여우 습성인 그와 평생토록 숨바꼭질하며 동행할 수밖에 없게 되었다, 차라리 친구로 살자.

-「여우 사냥」전문

  이 시는 시인의 시작詩作을 쓰기의 제재나 방식으로 삼은 메타적 작품이다. 서두에서 시인은 "살아온 자취를

시로 써 남기니, 경전을 쌓아 큰 산을 이루었다"라고 고백한다. 한 권의 시집을 완성해놓고 포만감과도 같은 행복에 젖은 시인의 모습이 그려진다. 그런데 문제는 한 권의 시집이자 김현태 시인의 시 세계라 할 '큰 산'에 "얼굴은 보이지 않고 꼬리만 산들산들 흔들어 보이고 슬며시 사라"지는 "오색 털 여우"가 숨어있다는 점이다. 그 여우 덕에 시를 쓰는 동안 아마도 시인은 자신의 삶을 한꺼번에 상대하다가 실패하고 들여다보다가 가로막히기를 속수무책으로 반복했을 터이다. 코끼리를 그린다고 그렸는데 기둥이거나 나뭇잎이거나 호른을 뒤집어놓은 것 같은 작품을 앞에 놓고 그는 번번이 좌절한다. 해서 쓰기를 고민하며 아리스토텔레스의 시학에서 무언가를 배우기도 한다. 하지만 언어는 근본적으로 무능력해서, 말하고 싶지만 말할 수 없음을 확인할 따름이다. 다시 말해 표현하고 보니 애초에 말하려던 것과는 멀어진 시를 보며 시인은 안타까움에 몸부림친 것 같다. 여기서 시인은 다시 아리스토텔레스의 삼단논법을 빌려 판단을 내린다. 꼬리 아홉 달린 여우는 인간의 힘으로 잡을 수 없다가 보편적 규칙이다. 그렇다면 소전제인 시 쓰기가 '인간의 힘'이므로, 결론은 '시 쓰기는 여우를 잡을 수 없다'가 된다.

"아홉 개 꼬리를 흔들며 여우 습성인 그와 평생토록

숨바꼭질하며 동행할 수밖에 없게 되었다, 차라리 친구로 살자"란 시의 마지막은, 시를 이겨내기(잘 쓰기)보다 시와 함께 세상과 자기 자신을 들여다보고 이해하려는 김현태 시인의 마음을 보여준다. 시에 투항함으로써 그는 깨달음보다 더 큰 용량으로 몰려드는 생의 사소함과 대결한다. 그의 삶과 시는 이렇듯 지혜롭게 길을 내며 나아갈 것이다.